Erstellung eines Trainingsplanes für das Ausdauertraining über einen Zeitraum von mindestens 6 Monaten

GRIN ☺

Bibliografische Information der Deutschen Nationalbibliothek:

Die Deutsche Nationalbibliothek verzeichnet diese Publikation in der Deutschen Nationalbibliografie; detaillierte bibliografische Daten sind im Internet über http://dnb.d-nb.de abrufbar.

ISBN: 9783346698360
Dieses Buch ist auch als E-Book erhältlich.

Druck und Bindung: Books on Demand GmbH, Norderstedt Germany
Gedruckt auf säurefreiem Papier aus verantwortungsvollen Quellen

Das vorliegende Werk wurde sorgfältig erarbeitet. Dennoch übernehmen Autoren und Verlag für die Richtigkeit von Angaben, Hinweisen, Links und Ratschlägen sowie eventuelle Druckfehler keine Haftung.

Das Buch bei GRIN: https://www.grin.com/document/1259049

Deutsche Hochschule für
Prävention und Gesundheitsmanagement
Hermann-Neuberger-Sportschule 3
66123 Saarbrücken

Hausarbeit

Studiengang	Bachelor of Arts, Fitnessökonomie
Studienmodul	Trainingslehre 2
Datum Präsenzphase (siehe Ergebnisdokumentation)	11.04.- 13-04.2022
Aufgabe	Erstellung eines Trainingsplanes für das Ausdauertraining über einen Zeitraum von mindestens 6 Monaten

Inhaltsverzeichnis

1 Diagnose

1.1 Allgemeine und biometrische Daten

Tabelle 1: Allgemeine und biometrische Daten zur Person (eigene Darstellung)

Daten zur Person	Werte
Alter	23 Jahre
Geschlecht	Männlich
Körpergröße	1,74cm
Körpergewicht	76Kg
Trainingsmotive	- Verbesserung der Ausdauerleistungsfähigkeit - Stressreduktion
Berufliche Tätigkeit	Student
Frühere sportliche Aktivitäten	Fußballtraining im Alter von 8-17Jahren
Aktuelle sportliche Aktivitäten	Regelmäßiges Krafttraining 3x die Woche
Zeitlicher Verfügungsrahmen	3-4x für jeweils bis zu 60 Minuten in der Woche
Blutdruck	125/60mmHg
Ruhepuls	65 Schläge pro Minute

Der Blutdruck wurde sitzend und in absoluter Ruhe gemessen. Hierbei ergaben sich folgende Werte. 125mmHg systolisch zu 60mmHg diastolisch. Der Blutdruck dieser Person liegt somit nach den Bewertungen der Gesellschaft für Hypertonie und Kardiologie, sowie der Deutschen Hochdruckliga (Scholze, 2007) in der Bewertungsstufe „Normal". Zu dieser Bewertungsstufe zählen alle Blutdruckwerte die unter 130mmHg systolisch und 85mmHg diastolisch liegen.

Tabelle 2: Allgemeiner Gesundheitszustand der Person (eigene Darstellung)

Allgemeiner Gesundheitszustand	Werte
Orthopädische Beschwerden	Keine
Internistische Beschwerden	Keine
Ärztliche Behandlungen	Keine
Medikamenteneinnahme	Keine
Sonstige Einschränkungen	Keine

1.2 Leistungsdiagnostik/ Ausdauertestung

Die Ausdauertestung wird in diesem Fall mithilfe des Hollmann-Venrath-Tests und der INP-Methode durchgeführt. Der Hollmann-Venrath-Test gilt als Stufentest mit submaximaler Belastung. Da meine Person keine körperlichen Einschränkungen aufweist und sich auch sonst in einem guten körperlichen Gesamtzustand befindet, wird Hollmann-Venrath-Test aufschlussreiche Ergebnisse liefern können. Die Ausdauertestung nach dem Prinzip der WHO wird ausgeschlossen, da sich diese Ergebnisse stärker auf Übergewichtige, ältere Personen und untrainierte Frauen reproduzieren lassen.

Der Hollmann-Venrath-Test startet mit einer Eingangsbelastung von 30 Watt. Eine Stufe wird jeweils für drei Minuten durchlaufen bis die Wattzahl um 40 Watt erhöht wird. Dies geschieht solange, bis die Zielherzfrequenz nach IPN beziehungsweise die Pulsobergrenze nach WHO erreicht wird. (Hottenrott & Neumann, 2010, S. 137)Die Umdrehungszahl sollte während des ganzen Tests zwischen 60 und 80 Umdrehungen pro Minute liegen. Die Zielherzfrequenz meiner Person nach IPN liegt aufgrund seines Alters und seinem Ruhepuls bei 145 Schlägen pro Minute. Einen Pulsaufschlag wird in diesem Fall nicht mitberechnet, da bis zu diesem Zeitpunkt noch kein Ausdauertraining durchgeführt wurde. Zur Vollständigkeit wäre die berechnete Pulsobergrenze nach WHO bei 157 Schlägen pro Minute. Errechnet durch die Formel 220-Lebensalter ergibt die Pulsobergrenze nach WHO.

Tabelle 3: Leistungstestung durch den Hollmann-Venrath- Test (eigene Darstellung)

Zeit in Minuten (Belastungsstufe)	Wattzahl	HF1	HF2	HF3
0-3	30	95S / Min	93S / Min	97S/Min
3-6	70	115 S/ Min	118 S/ Min	119S / Min
6-9	110	122S/Min	125S/Min	128S/Min
9-12	150	132 S/ Min	135 S/Min	139S/Min
12-15	190	140 S / Min	143S /Min	145S/Min

Berechnet man aus diesen Ergebnissen nun die relative Wattleistung, durch die Formel, erreichte Wattzahl geteilt durch das Körpergewicht der Person, kommt man auf einen Wert von 2,5 Watt pro Kilogramm Körpergewicht. Anhand der Normwerte aus der folgenden Abbildung lässt sich die Leistung der vorliegenden Person einteilen.

Alter /Intensität	< 30	30-34	35-39	40-44	45-49	50-54	55-59	> 60	Bewertung
0,50	1,45	1,38	1,31	1,23	1,16	1,09	1,02	0,94	☹☹
0,51	1,50	1,43	1,35	1,28	1,20	1,13	1,05	0,98	☹☹
0,52	1,55	1,47	1,40	1,32	1,24	1,16	1,09	1,01	☹☹
0,53	1,60	1,52	1,44	1,36	1,28	1,20	1,12	1,04	☹☹
0,54	1,65	1,57	1,49	1,40	1,32	1,24	1,16	1,07	☹☹
0,55	1,70	1,62	1,53	1,45	1,36	1,28	1,19	1,11	☹
0,56	1,75	1,66	1,58	1,49	1,40	1,31	1,23	1,14	☹
0,57	1,80	1,71	1,62	1,53	1,44	1,35	1,26	1,17	☹
0,58	1,85	1,76	1,67	1,57	1,48	1,39	1,30	1,20	☹
0,59	1,90	1,81	1,71	1,62	1,52	1,43	1,33	1,24	☹
0,6	2,00	1,90	1,80	1,70	1,60	1,50	1,40	1,30	Ø
0,61	2,20	2,09	1,98	1,87	1,76	1,65	1,54	1,43	Ø
0,62	2,40	2,28	2,16	2,04	1,92	1,80	1,68	1,56	Ø
0,63	2,60	2,47	2,34	2,21	2,08	1,95	1,82	1,69	☺
0,64	2,80	2,66	2,52	2,38	2,24	2,10	1,96	1,82	☺
0,65	3,00	2,85	2,70	2,55	2,40	2,25	2,10	1,95	☺
0,66	3,20	3,04	2,88	2,72	2,56	2,40	2,24	2,08	☺☺
0,67	3,40	3,23	3,06	2,89	2,72	2,55	2,38	2,21	☺☺
0,68	3,60	3,42	3,24	3,06	2,88	2,70	2,52	2,34	☺☺
0,69	3,80	3,61	3,42	3,23	3,04	2,85	2,66	2,47	☺☺
0,70	4,00	3,80	3,60	3,40	3,20	3,00	2,80	2,60	☺☺

Abbildung 1: Normtabelle für submaximale Radergometertests - Relative Watt-Soll-Leistung (Watt pro Kg) bei Männern (modifiziert nach IPN,2004, S.8)

Mit einem Ergebnis von 2,5 Watt pro Kg Körpergewicht liegt die Person zwischen einer durchschnittlichen und einer guten Ausdauerleistungsfähigkeit. Trotz dessen, dass die vorliegende Person zuvor kein Ausdauersport betrieben hat, sind ihre Ausgangsvoraussetzungen für die folgende Mesozyklusplanung sehr gut.

1.3 Gesundheits- und Leistungsstatus der Person

Die zu trainierende Person ist jung und weist keine körperlichen Beschwerden auf. Somit ist mit einer guten Trainierbarkeit ohne Einschränkungen zu rechnen. Auch die guten Ergebnisse des Hollmann-Venrath-Tests weisen auf eine gute Trainierbarkeit hin wodurch auch höhere Trainingsintensitäten die normalerweise für einen Anfänger untypisch wären, zumindest zu geringen Teilen in die Trainingsplanung mitaufgenommen werden können.

2 Zielsetzung und Prognose

Ziele sind ein zentraler Bestandteil der Trainingsplanung, da anhand von ihnen gemessen werden kann ob ein Trainingsplan und damit auch der Trainierende selbst erfolgreich ist oder nicht. Um diese Sicherheit zu gewährleisten müssen Ziele immer in Inhalt, Ausmaß und Zeit begründbar sein und somit überprüfbar gemacht werden.

In der folgenden Tabelle werden die Ziele der vorliegenden Person dargestellt.

Tabelle 4: Zielsetzung mit Inhalt, Ausmaß und Zeit (eigene Darstellung)

Inhalt	Ausmaß	Zeitraum
Ruhepulssenkung	Minus 2 Schläge pro Minute	Innerhalb von 8 Wochen
Stressreduktion	Mithilfe der numerischen Ratingskala von einer 7 zu einer 5	Innerhalb des kompletten Mesozyklus
Verbesserung der Ausdauerleistungsfähigkeit	Wattsteigerung in einem submaximalen Fahrradergometer Test von 10%	Innerhalb von 8 Wochen

Um die Verbesserung der Ausdauerleistungsfähigkeit nicht nur anhand des subjektiven Belastungsempfinden zu messen, besteht die Möglichkeit den submaximalen Fahrradergometertest am Ende des Mesozyklus erneut durchzuführen und dann die beiden Ergebnisse miteinander vergleichen zu können. Als Grund für das Ziel der Ruhepulssenkung stehen die Erkenntnisse, dass ein höherer Ruhepuls vorallem im Alter vermehrt zu Krankheiten wie zum Beispiel der koronaren Herzkrankheit oder auch zu einem Herzinfarkt oder Schlaganfall führen kann. Zudem korelliert ein höherer Ruhepuls mit einer steigenden Mortalität. (Dietger, 2018)

Als weiteres Ziel nannte die Person den Abbau von Stress beziehungsweise Entspannung. Dazu ist es sinnvoll zu erläutern, dass in der Literatur in zwei verschiedene Arten von Stress unterschieden wird. In den positiven Eustress und den negativen Distress welcher Unwohlsein verursacht.

Durch die aus Stress resultierende erhöhte Sympatikusaktivität werden Stresshormone ausgeschüttet. Durch regelmäßiges Ausdauertraining wird jedoch das vegetative Nervensysten gedämpft. Der Puls steigt langsamer an und auch die Ausschüttung der Stresshormone verschiebt sich zu einem späteren Zeitpunkt. Zudem löst der Spass der durch ein regelmäßiges Training ausgelöst wird Eustress aus und führt demnach zu einem positiveren Befinden. (Kleinmann, 2006)

3 Trainingsplanung Mesozyklus

3.1 Grobplanung Mesozyklus

Tabelle 5: Grobplanung des Mesozyklus meiner Person (eigene Darstellung)

Trainingsplanung Mesozyklus	
Dauer des Mesozyklus	6 Wochen
Trainingsziel	Aufbau einer Grundlagenausdauer
Belastungsumfang pro Woche	65- 105 Minuten
Trainingsmethoden	Extensive Dauermethode Variable Dauermethode
Trainingsintensitäten	60-75% Hf_{max} (extensiv) 70-85% Hf_{max} (variabel)
Trainingshäufigkeit pro Woche	2-3 mal pro Woche
Trainingsdauer pro Trainingseinheit	Zwischen 45 und 120 Minuten
Trainingsgeräte	Ruderergometer, Crosstrainer, Radergometer

3.2 Detailplanung Mesozyklus

Tabelle 6: Woche 1; Detailplanung Mesozyklus (eigene Darstellung)

Woche 1		
Trainingstage	Montag	Freitag
Trainingsziel	GA1	GA1
Trainingsmethode	Extensive Dauermethode	Extensive Dauermethode
Trainingsintensitäten	60-65% HF_{max}	60-65% HF_{max}

Trainingsherzfreuquenz (Pulsober-/untergrenze)	120- 130 Schläge pro Minute (S/ Min)	120 -130 Schläge pro Minute (S/ Min)
Trainingsdauer	30 Minuten	35 Minuten
Trainingsgerät	Crosstrainer	Ruderergometer

Tabelle 7: Woche 2; Detailplanung Mesozyklus (eigene Darstellung)

Woche 2		
Trainingstage	Montag	Freitag
Trainingsziel	GA1	GA1
Trainingsmethode	Extensive Dauermethode	Extensive Dauermethode
Trainingsintensitäten	60-65% HF_{max}	60-65% HF_{max}
Trainingsherzfrequenz (Pulsober-/untergrenze)	120-130 Schläge pro Minute (S/ Min)	110- 115 Schläge pro Minute (S/ Min)
Trainingsdauer	40 Minuten	45 Minuten
Trainingsgerät	Ruderergometer	Radergometer

Tabelle 8: Woche 3; Detailplanung Mesozyklus (eigene Darstellung)

Woche 3		
Trainingstage	Montag	Freitag
Trainingsziel	GA1	GA1
Trainingsmethode	Extensive Dauermethode	Extensive Dauermethode
Trainingsintensitäten	60-65% Hf_{max}	65-70% Hf_{max}
Trainingsherzfrequenz (Pulsober-/untergrenze)	120-130 S/ Min	130-140 S/ Min
Trainingsdauer	50 Minuten	50 Minuten
Trainingsgerät	Crosstrainer	Ruderergometer

Tabelle 9: Woche 4; Detailplanung Mesozyklus (eigene Darstellung)

Woche 4			
Trainingstage	Montag	Mittwoch	Freitag
Trainingsziel	GA1	GA1	GA1
Trainingsmethode	Extensive Dauermethode	Extensive Dauermethode	Extensive Dauermethode
Trainingsintensitäten	65-70% Hf_{max}	60-65% Hf_{max}	65-70% Hf_{max}
Trainingsherzfrequenz (Pulsober-/untergrenze)	115- 125 S/ Min	120-130 S/ Min	130-140 S/ Min
Trainingsdauer	30 Minuten	35 Minuten	30 Minuten

Trainingsgerät	Radergometer	Ruderergometer	Crosstrainer

Tabelle 10: Woche 5; Detailplanung Mesozyklus (eigene Darstellung)

Woche 5			
Trainingstage	Montag	Mittwoch	Freitag
Trainingsziel	GA1	GA1/ GA2	GA1
Trainingsmethode	Extensive Dauermethode	Variable Dauermethode	Extensive Dauermethode
Trainingsintensitäten	70-75% Hf$_{max}$	70-85% Hf$_{max}$	70-75% Hf$_{max}$
Trainingsherzfrequenz (Pulsober-/untergrenze)	130-135 S/ Min	140-170 S/ Min	140-150 S/ Min
Trainingsdauer	30 Minuten	20 Minuten (5:5)	35 Minuten
Trainingsgerät	Radergometer	Ruderergometer	Crosstrainer

Tabelle 11: Woche 6; Detailplanung Mesozyklus (eigene Darstellung)

Woche 6			
Trainingstage	Montag	Mittwoch	Freitag
Trainingsziel	GA1	GA1/GA2	GA1
Trainingsmethode	Extensive Dauermethode	Variable Dauermethode	Extensive Dauermethode
Trainingsintensitäten	70-75% Hf$_{max}$	70-85% Hf$_{max}$	70-75% Hf$_{max}$
Trainingsherzfrequenz (Pulsober-/untergrenze)	140-150 S/ Min	140-170 S/ Min	130-135 S/ Min
Trainingsdauer	30 Minuten	25 Minuten (5:5)	35 Minuten
Trainingsgerät	Crosstrainer	Ruderergometer	Radergometer

Alle Herzfrequenzbereiche innerhalb der sechs Wochen dieses Mesozyklus wurden auf Fünferstellen auf-/abgerundet, um es dem Trainierenden einfacher zu machen sich seine Herzfreuquenzbereiche zu merken.

Zur Berechnung wurde die Formel nach ACSM herangezogen. Für das Ruderergometer und den Crosstrainer wurde jeweils die Formel „220-Lebensalter = Theoretische Hf$_{max}$" genutzt, wohingegen für das Fahrradergometer von der Formel „200-Lebensalter = Theoretische Hf$_{max}$" ausgegangen wurde. Da es sich bei diesen Herzfrequenzen jedoch um theoretisch berechnete Herzfrequenzen handelt, muss nocheinmal betont werden, dass diese Herzfrequenzen in der Realität durchaus zwischen 12-15 Schlägen höher oder niedriger sein könnten. (Scheid & O'Donnell, 2019)

3.3 Begründung zum Mesozyklus

3.3.1 Begründung zum angestrebten wöchentlichen Belastungsumfang

Da die zu trainierende Person ursprünglich aus dem Kraftsport stammt und noch keine nennenswerten Erfahrungen mit dem Ausdauertraining vorweisen kann, wird in der Trainingsplanung mit einem zweitägigen Ausdauertraining zu beginnen, um es dann zur vierten Trainingswoche um einen zusätzlichen Trainingstag zu erweitern. Dabei wird auf einen geeigneten Belastungs-Entlastungs- Zeitraum geachtet. Durch ausreichende Erholungsphasen nach einer Trainingseinheit erlangt der Trainierende nach und nach eine höhere Belastbarkeit, das Leistungsniveau hat demnach in diesem Zeitraum die Kapazität sich anzupassen und zu verbessern. Demnach kann man je nach dem wie gut ein Sportler trainiert von immer kürzeren Erholungsphasen ausgehen bis das Leistungs-niveau wieder vollständig hergestellt ist. (Hottenrott & Neumann, 2010, S. 97-99) Auf ein sogenanntes REKOM Training wird in diesem Mesozyklus verzichtet, da die kör-perlichen Belastungen nicht so stark sind und die Erholungsphasen ausreichen um dem Körper zu regenerieren.

Hierbei wird ganz nach dem Prinzip der progressiven Belastungssteigerung gearbeitet, sodass man zunächst die Häufigkeit, danach den Umfang und daraufhin die Intensität erhöht. (Löllgen)

Um dem Minimalprogramm für Ausdauertrainingsanfänger gerecht zu werden startet der wöchentliche Belastungsumfang in der ersten Woche mit 65 Minuten Ausdauertrai-ning.

3.3.2 Begründung zu den ausgewählten Trainingsmethoden

Trainiert wird hier innerhalb des ersten Mesozyklus in der extensiven Dauermethode sowie gegen Ende des Mesozyklus in der variablen Dauermethode. Für Trainingsanfän-ger eignet dich die extensive Dauermethode am besten, da durch die erstmals die soge-nannte Grundlagen Ausdauer aufgebaut wird und sich sie Bewegungsabläufe auf den einzelnen Ausdauergeräten mehr und mehr ökonomisieren (Methodik des Ausdauertrainings, 2010, S. 111). Erst wenn diese Grundlagenausdauer allmählich auf-gebaut ist, ist es sinnvoll mit anderen Ausdauertrainingsmethoden zu arbeiten. Als

Richtwert wird dort angesehen dass der Trainierende eine Trainingseinheit mit einer Dauer von 45 Minuten in der extensiven Dauermethode trainieren kann. Trotzdem muss natürlich bedacht werden, dass sich der Körper an gleichbleibende Reize gewöhnt wieso es immer mal wieder zu einer Steigerung der Belastung mit Hilfe der Intensität oder der Trainingsdauer kommen muss.

3.3.3 Begründung zur Belastungsprogression

Die Trainingsplanung startet mit einem extensiven Ausdauertraining an zwei Tagen der Woche, diese wird im Verlauf des Trainingsplans durch eine variable Dauermethode erweitert. Ziel dieser Erweiterung ist es, den Trainierenden langsam auf höhere Belastungen vorzubereiten ohne ihn dabei zu überfordern. Der Trainierende erlangt dadurch die Fähigkeit sich schneller an neue Trainingsmethoden beziehungsweise neue Belastungsreize zu gewöhnen. Zudem wird bei der variablen Dauermethode, die aerobe sowie auch die anaerobe Leistungsfähigkeit ausgebaut. (Hottenrott & Neumann, 2010, S. 111-113) Im Vergleich dazu wird bei der extensiven Dauermethode alleinig die „Erhöhung der Leistung oder Geschwindigkeit bei aerober Beanspruchung" (Hottenrott & Neumann, 2010, S. 113) in den Vordergrund gestellt.

3.3.4 Begründung zu den angesteuerten Trainingsbereichen

Damit sich Trainingserfolge einstellen müssen gewisse Trainingsreize gesetzt werden damit der Körper sich anpassen muss. Bei einer ausdaueruntrainierten Person liegt diese Schwelle mindestens bei ca 60-70% der maximalen Herzfrequenz. Demnach wird auch am Anfang des Mesozyklus in diesem Bereich trainiert. Der höchste angestebte Herzbereich wäre in diesem Fall 85% der theoretisch maximalen Herzfrequenz. Herzfrequenzbreiche die darüber liegen werden in der Regel erst durch zum Beispiel Intervallmethoden trainiert. Bei einer solchen Methode könnte es jedoch auch schnell zu einer Überforderung des zu Trainierenden kommen, weshalb diese Methode in dem vorliegenden Mesozyklus keine Verwendung findet.

3.3.5 Begründung der ausgewählten Ausdauergeräte bzw Bewegungsformen

Als Trainingsgeräte stehen der trainierenden Person das Radergometer, das Ruderergometer sowie der Crosstrainer zur Verfügung. Das Radergometer wurde gewählt, da meine Person in ihren Trainingszielen eine Steigerung ihrer Leistungsfähigkeit in einem weiteren submaximalen Radergometertest anstrebt. Somit macht es Sinn auch genau auf diesem Gerät zeitweise zu trainieren um die Bewegung zu ökonomisieren und und die Trainingstechnik zu verbessern. Am Ende des Mesozyklus würde demnach ein weiterer Radergometertest durchgeführt werden, um zu sehen ob das Trainingsziel erreicht werden konnte.

Das Ruderergometer wurde gewählt, da es genauso wie der Crosstrainer auch einen relativ großen Anteil der Gesamtmuskulatur anspricht.

4 Literaturrecherche

Tabelle 12: Studie 1: Die Wirkungen von 8 Wochen Aerobic- Training auf die Insulinsresistenz bei Typ-2 Diabetes: Eine randomisierte klinische Studie

Autoren	Narges Motahari- Tabari, Marjan Ahmad Shirvani, Mahbobeh Shirzad-e-Ahoodashty, Elham Yousefi-Abdolmaleki & Mojgan Teimourzadeh
Publikationsjahr	2014
Forschungsfrage	Welche Wirkung haben Aerobic- Übungen auf die Insulinresistenz bei Typ-2-Diabetes mellitus ?
Probanden	53 Typ-2-Diabetikerinnen im Alter von 30 bis 65 Jahren. Berufliche Tätigkeit als Hausfrau und aus dem Norden des Irans stammend. Nur oral eingenommene Medikamente waren erlaubt. Ausschlusskriterie waren, chronisch entzündliche Erkrankungen, Schwangerschaft, Rauchen, Alkohol- und Drogenmissbrauch, Herzkrankheiten, Muskelerkrankungen und Personen die häufig trainieren
Methodik	Die Teilnehmerinnen wurden zufällig in zwei Gruppen eingeteilt. Eine Versuchsgruppe mit 27 Teilnehmern und die Kontrollgruppe mit 26 Teilnehmern. Alle Teilnehmer wurden ohne Schuhe und mit leichter Kleidung gewogen und den Hüft-Taille-Quotienten mit Hilfe eines Maßbandes bestimmt. Der Nüchternblutzucker sowie das Nüchterninsulin wurden alle vier Wochen bestimmt. Das Training bestand aus 50Minuten drei mal die Woche. Immer überwacht durch Trainer und die Forscher. Eine Trainingseinheit bestand aus 10 Minuten Erwärmen, 30 Minuten schnelles Spatzieren bei 60% der maximalen Herzfrequenz und ein 10 Minütiges Cool-Down.
Relevante Schlussfolgerungen und Ergebnisse	Der Nüchternblutzucker sowie auch das Nüchterninsulin sind in der Versuchsgruppe nach 8 Wochen signifikant gesunken. Ebenso konnten große Unterschiede in Gewicht, Hüft- und Taillenumfang, Plasma Insulin und der Insulinresistenz gefunden werden. Somit lässt sich sagen, dass sich schon nach 8 Wochen positive Effekte feststellen lassen.

Tabelle 13: Auswirkungen eines 12-wöchigen Trainings mit moderater Intensität auf die Blutzuckerreaktion bei Patienten mit Typ-2 Diabetes: Eine prospektive Längsschnittstudie

Autoren	Shang-Lin Chiang, Margaret McLean Heitkemper, Yi- Jen Hung, Wen-Chii Tzeng, Dr. Meei-shyuan Lee und Chia-Huei Lin
Publikationsjahr	2019
Forschungsfrage	Welche Trends ergibt ein 12-wöchiges Training mit moderater Intensität aud die Blutzuckerraktion bei Patienten Mit Typ-2-Diabetes?
Probanden	20 Teilnehmer, davon sieben weibliche und 13 männliche, im Alter von 40-60 Jahren. Eingenommen werden durften nur orale Antidiabetika und die Teilnehmer sollten keine regelmäßigen Bewegungsgewohnheiten haben. Ausschlusskriterien waren eine Insulintherapie, eine Krebserkrankung in der Vorgeschichte, eine Nierenerkrankung im Endstadium mit Dialyse, die Unfähigkeit an einem Training teilzunehmen, schwere Komorbidität, Herzinsuffizienz, autonome Neuropathie und ein Schlaganfall innerhalb der letzten sechs Monate
Methodik	Es wurden 36 Übungssitzungen also jeweils drei Sitzungen pro Woche für insgesamt 12 Wochen durchgeführt. Die Teilnehmer wurden nach dem Zufallsprinzip mit Hilfe der Permuted- Block-Periodisierung in die morgens, nachmittags oder Abendgruppe zugewiesen. Der GXT wurde mithilfe eines motorisierten Laufbandes durchgeführt und die VO2max sowie auch die maximale Herzfrequenz bestimmt. Eine Trainingseinheit umfasste 5-10 Minuten Erwärmen, 30 Minuten Ausdauerphase mit 70% der Herzfrequenzreserve als Zielherzfrequenz und eine Abkühlphase von ebenfalls 5- 10 Minuten. Vor und nach jeder Trainingseinheit wurden kapillare Blutzuckertests durchgeführt.
Relevante Schlussfolgerungen und Ergebnisse	Ein 12-wöchiges Training in solchem Belastungsumfang ist sicher und wirkt sich positiv auf die Stoffwechselkontrolle im Laufe der Zeit bei Diabetes mellitus Typ 2 aus. Die Belastungsinduzierte Glukosereaktion ist am Nachmittag und am Abend deutlich niedriger als am Morgen woraus geschlussfolgert werden kann, dass ein Training am Morgen zu einer besseren Stoffwechselkontrolle führen kann.

5 Literaturverzeichnis

Chiang, S. L. (2019). Auswirkungen eines 12-wöchigen Trainings mit moderater Intensität auf die Blutzuckerreaktion bei Patienten mit Typ-2-Diabetes: Eine Prospektive Längsschnittstudie. *Medizin.* doi:10.1097/MD.0000000000016860

Dietger, M. (2018). *Ausdauersport & Herz In: Fit und gesund von 1 bis 100.* Berlin, Heidelberg: Springer. doi:10,1007/978-3-662-56307-6_56

Gimbel, B. (2014). *Körpermanagement: Handbuch für Trainer und Experten in der betrieblichen Gesundheitsförderung.* Springer Verlag Berlin Heidelberg. doi:10.1007/978-3-662-43643-1

Hottenrott, K., & Neumann, G. (2010). *Methodik des Ausdauertrainings.* Schorndorf: Hoffmann-Verlag.

Kleinmann, D. D. (2006). *Laufen und Walking im Alter; GEsundheitliche Auswirkungen und Trainingsgrundsätze aus sportmedizinischer Sicht.* Wien: Springer. doi:10.1007/978-3-211-33614-4

Löllgen, H. P. (kein Datum). *Deutsche Gesellschaft für Sportmedizin und Prävention.* Abgerufen am 12. April 2022 von https://www.dgsp.de/seite/375183/zehn-goldene-regeln.html

Motahari-Tabari N, A. S.-E.-A.-A. (August 2014). Die Wirkung von 8 Wochen Aerobic-Training auf die Insulinresistenz bei Typ-2 Diabetes: eine randomisierte klinische Studie. (G. J. Science, Hrsg.) doi:10.5538/gjhs.v7n1p115

Scheid, J. L., & O'Donnell, D. E. (Mai/Juni 2019). Neubetrachtung von Herzfrequenz-Zielzonen durch die Linse der tragbaren Technologie. *ACSM's Health & fitness Journal*(3). doi:10.1249/FIT.0000000000000477

Scholze, J. (15. September 2007). Diagnostik der arteriellen Hypertonie. S. 199. Abgerufen am 27. August 2021 von https://cmkrsw16gcddcsjhegijwb-qec.bibliothek.dhfpg.de/content/pdf/10.1007/s12181-007-0022-4.pdf

6 Tabellenverzeichnis

7 Abbildungsverzeichnis

BEI GRIN MACHT SICH IHR WISSEN BEZAHLT

- Wir veröffentlichen Ihre Hausarbeit, Bachelor- und Masterarbeit

- Ihr eigenes eBook und Buch - weltweit in allen wichtigen Shops

- Verdienen Sie an jedem Verkauf

Jetzt bei www.GRIN.com hochladen und kostenlos publizieren